케이엠 시인선 001
한어동閑漁洞

尹承天

한어동閑漁洞

自序

1

1984년 등단 후 6년 만에 세권의 시집을 내고 이십 몇 년이 흘렀다.

시는 생애 혹은 목숨을 걸고 대결하거나 시인은 또 그렇게 시대를 진단하고 역사를 예언해야 하는 것으로 배워왔고 생각했었다.
그 진검승부에 자신이 없었다.
이십 몇 년간 시를 쓰지 않고 혹 쓰더라도 발표하지 않은 이유이다.

첫 시집 「안 읽히는 시를 위하여」(1986년)의 서문에 썼던 시와 시인에 대한 생각은 지금도 변함이 없다.
시가 넋두리나 자기합리화, 혹은 자기과시의 수단이 되지 말아야 한다는 것, 시를 쓰는 일에 시인들이 엄숙해야 한다는 것.

시가 읽히지 않고 시인들이 더 옹송거리고 있는 시대가 된 것은 1980년대나 2010년대나 시류時流의 문제가 아니고 시인의 문제다.
시와 시인의 좌표가 밀리고 밀려서 마이너스가 된 것도

시단과 시인들이 자초한 일 아닌가. 무림은 결코 호락호락하지도 만만하지도 않는데 장난감검을 가지고 무얼 어쩌겠다는 것인가.

2

일부 시들은 초창기 한어동 시편들을 쓸 때의 시들로 아쉬운 부분이 있지만 그때의 모습에 충실하고자 손대지 않았다. 기존 시집의 한어동 시들도 그것그대로 지나간 삶이었기에 함께 묶지 않았다. 나중에 혹 기회가 된다면 전편을 묶어 볼 생각이다.

햇수를 따져보니 습작기까지 한 30년쯤 한어동에 집착하는 것 같다.
이젠 애증도 없어질 때가 된 것 같다. 4대강 개발공사가 끝나고 경상북도 도청소재지가 이전되면 한어동도 많이 달라질 것이다.
더 좋은 쪽으로 변할 것으로 믿는다.
'돌아서 가는'과 '수컷'의 시가 지금의 내 심정이다.

2011년 9월
無爲寓居에서 尹 承 天

차례

自序

1부 농정農政

음지陰地-閑漁洞 55·13

게거품-閑漁洞 56·14

풍경風景-閑漁洞 57·15

청문회-閑漁洞 58·17

농정農政-閑漁洞 59·19

소식-閑漁洞 60·20

생애生涯-閑漁洞 61·21

협박-閑漁洞 62·22

적막-閑漁洞 63·23

달-閑漁洞 64·24

늙은 호두나무-閑漁洞 65·25

귀소歸巢-閑漁洞 66·26

업보業報-閑漁洞 67·27

2부 시절時節

토사구팽兎死狗烹-閑漁洞 68 · 31

이태백-閑漁洞 69 · 32

관행慣行-閑漁洞 70 · 34

개…판-閑漁洞 71 · 36

반란-閑漁洞 72 · 37

참수斬首-閑漁洞 73 · 39

적멸寂滅-閑漁洞 74 · 40

시인詩人-閑漁洞 75 · 41

고해告解-閑漁洞 76 · 42

법法-閑漁洞 77 · 43

시절時節-閑漁洞 78 · 44

혁명革命-閑漁洞 79 · 45

격문檄文-閑漁洞 80 · 47

선고宣告-閑漁洞 81 · 48

공공연한 비밀-閑漁洞 82 · 49

9급의 진화進化-閑漁洞 83 · 51

잊지않기 위하여-閑漁洞 84 · 52

3부 土

다시 아버지의 편지-閑漁洞 85 · 55

土-閑漁洞 86 · 59

천년쯤-閑漁洞 87 · 60

둥굽은 그늘-閑漁洞 88 · 61

그래서 시인은 믿는다-閑漁洞 89 · 62

관통貫通-閑漁洞 90 · 63

전야前夜-閑漁洞 91 · 64

편지-閑漁洞 92 · 66

미욱-閑漁洞 93 · 67

노블레스 오블리주-閑漁洞 94 · 68

하명下命-閑漁洞 95 · 69

4부 돌아서 가는

전화 電話-閑漁洞 96 · 75

곤짠지-閑漁洞 97 · 76

유지遺志 1-閑漁洞 98 · 78

유지遺志 2-閑漁洞 99 · 79

벌초-閑漁洞 100 · 81

가문家門-閑漁洞 101 · 83

호미질-閑漁洞 102 · 84

한계-閑漁洞 103 · 86

절연絶緣-閑漁洞 104 · 88

한어동閑漁洞-閑漁洞 105 · 89

돌아서 가는-閑漁洞 106 · 91

수컷-閑漁洞 107 · 92

발문跋文 / 시인이 돌아왔다 · 박세현 93
발문跋文 / 다시 시단으로 돌아온 '장고' 윤승천 · 이승하 98
발문跋文 / 혼자 있을 때 다 우는 사람 · 원재길 102
해설解說 / 사내의 언어, 사내의 시 · 정효구 106

1부 농정農政

음지陰地 - 閑漁洞 55
게거품 - 閑漁洞 56
풍경風景 - 閑漁洞 57
청문회 - 閑漁洞 58
농정農政 - 閑漁洞 59
소식 - 閑漁洞 60
생애生涯 - 閑漁洞 61
협박 - 閑漁洞 62
적막 - 閑漁洞 63
달 - 閑漁洞 64
늙은 호두나무 - 閑漁洞 65
귀소歸巢 - 閑漁洞 66
업보業報 - 閑漁洞 67

음지陰地
閑漁洞 55

이따금 개들이 지나가면서 오줌을 갈기고
또 개같은 사람들이 배설하고 지나가는
혹은 피해가는,
햇빛이 잘 안들고 습濕한 곳
빈익빈貧益貧으로
뒤틀린 잡풀 몇 포기 옹송거리고 있는
어떤 희망이나 꿈, 사랑일지라도 기약없이 더럽게 썩는 곳.

게거품
閑漁洞 56

"새벽종이 울리고
새 아침이 밝았다
너도 나도 일어나
새마을을 만들자"*
그렇게 하자
너도…나도…
…일어나…
거무틱한 낯가죽을 희게 하고
쭈그러진 주름을 팽팽하게 펴보자
뭉툭한 손마디를 다듬고
곡괭이 같은 손톱에 매니큐어를 칠해보자
그렇게…노동은 아름답다고, 성聖스럽다고
찬양해보자
날마다 새벽종은 울리고
새 아침은 밝는다.
저 깊게 패인 낯가죽
거칠고 무참한 생生에
농정農政은 오늘도 게거품을 물고 있다.

* 1970년대 새마을 운동 노래 가사 중

풍경風景
閑漁洞 57

몇 채의 집이 허물어지면서
또 몇사람의 노인들이 시름시름 자리에 눕고
아직 거동할 근력이 남아 있는 몇몇의 노인들은
나무지팡이로 무너질 듯…무너질 듯
죽음 앞에 누워있는 노인들을 찾아다닌다

추위가 시작되고
마을이 다시 폭압스럽게 얼어붙으면
더 이상 다닐 수 없는 노인들이
갇혀 지낼 겨울동안
지은 죄 없는 농부들의 생애가 폐가廢家처럼 무너지듯
죽음으로 결별할지도 모를 이웃들을
한번이라도 더 보려고
비틀비틀 집을 나선다

그런 시아버지의 뒷모습을 애써 외면하며
환갑을 넘어 새삼스럽게 시집살이를 하는 늙은 며

느리는
　무심결에 먼 도시로 눈길을 주지만
　한번 원한의 강江을 건너간 자식들은
　다시 돌아올 턱이 없다

　앞골, 뒷골
　고통스럽고 무망無望한 빈농貧農의 강江을 건너간 젊은이들은
　두 번 다시 이 마을로 돌아오지 않는다.
　폐가廢家의 잡초들만 때를 만난 듯 우거지고 있는 시절.*

---

* 1970~1980년대 젊은이들이 도시로 떠나면서 60대의 노인들이 시부모를 모시고 사는 경우가 많았다.

청문회
閑漁洞 58

이삼일 세수도 안한 푸석한 얼굴을
손바닥으로 몇 번 쓱쓱 문지르고는
흑백 TV 앞에 앉는다
전두환 전前대통령이 국회증언*을 한단다
한 시대가 마감되는 1989년 12월 31일
북대기들이 먼지바람에
마당으로 지붕으로 푸푸 날리고
그 먼지바람에 떼밀려
금년에도 두 가족이 대처大處로 떠났다
음습했던 5공**은 이제 역사 속으로 묻히는가
탁자를 치고 삿대질을 해가며
국회의원들이 고함을 치고 있었다.
노무현 의원은 명패를 내던지고***
또 몇 사람의 의원들은
몰려나와 뺨이라도 때릴 듯이 기승을 부리고
마치 5공처럼…
흑백 TV가 무참한 듯 갑자기 지지직 거렸다
빈농貧農의 서러움이야 이골이 났지만

노동의 고통쯤도 참을만 하지만
저 시대의 무참함은 이제 정말 참을 수 없다.

* 1989년 국회청문회
** 제 5공화국
*** 이 일로 노무현 전 대통령이 일약 청문회 스타로 떠오르며 훗날 대통령이 될 수 있는 대중적 기반을 다질 수 있었다.

농정農政
閑漁洞 59

그 가수는
'내 인생은 나의 것'*이라며 노래했다
그 말이 맞다
너의 인생은 너의 것이고
너의 고통 또한 너의 것이다
나의 상처나 쓰라림 또한 나의 것이며
내 인생 역시 나의 것이다
너의 고통을 내가 아는 척 하지 않는 만큼
너 또한 이제는 나의 상처나 쓰라림에 대해
아는 척 하지 말라
너의 인생이 너의 것이듯
너의 고통과 영광, 행복까지도
모두 너의 것이며
내 생애가 아무리 절절하든
그것은 결국 나의 몫일뿐이다
가증스러운 위선의 이해심으로
이제는 내 가까이 오지 말라.

* 1980년대 가수 민혜경이 부른 노랫말 중.

소식
閑漁洞 60

우체부는 어김없이 이삼일에 한번씩
삼천리 자전거*를 타고 오지만
기다리는 농정農政소식은 오지 않는다
산이 험하고 물이 너무 깊어
번번이 중간 어디쯤에서 주저 앉는단다

그로부터 25년이 지난 1995년 1월
우체부는 삼천리 자전거 대신
대림혼다 오토바이를 타고
매일 한번씩 한어동엘 들리지만
반가운 농정農政소식은 여전히 기약없다
험한 산에는 터널이 뚫리고
깊은 강에는 다리가 놓였는데도
문민文民의 공화국**에서조차 아무런 소식이 없다.

* 1970년대에는 집배원을 우체부라 불렀는데 주로 삼천리표 자전거를 타고 2~3일에 한번씩 각 마을을 돌면서 우편물을 배달했다. 그 뒤 나라 형편이 나아져 125cc 대림혼다표 오토바이를 타게 되면서 매일 한번씩 우편물을 배달해주고 또 수거해 가기도 했다.
** 김영삼 정부

생애生涯
閑漁洞 61

마을 입구 길섶으로 잡풀 몇 포기
길이 넓혀지면서* 사라지고
시멘트 포장이 되면서 또 없어지고

꿈같은 것들
희망같은 것들이 사라지듯
나이 들면서 무너지고 소멸되듯
며칠 전까지도 잘있던 길섶의 잡풀 몇 포기
오늘 보니 또 말라 비틀어졌다

밀리고 밀리다 거꾸로 처박힌 채
조용히 모든 흔적이 지워졌다
마을에서조차 잡풀의 생애生涯를 아는 사람은 아무도 없다.

* 1970~80년대 농로農路 확장공사

협박
閑漁洞 62

지하철 안에서
하모니카를 불며 사랑을 구걸하는
맹인거지도 우리나라 사람이다
남대문시장이나 시외버스 정류장 근처에서
한쪽다리나 두 다리를
검은 고무밴드로 감아 질질 끌며
이쑤시개, 때밀이 타올을 파는 반거지도
한국인이다
이따금 청계천부근의 육교,
압구정동의 지하도에서
더럽고 구역질나는 상처를 까발려 내 보인 채
동정同情을 협박하는 저 거지들도
국적은 분명히 한국이다
고향이 한어동 같기도 한
국민소득 1만불인 대한민국* 국민들이다.

* 1980년대에는 지하철 안이나 남대문시장, 시외버스정류장, 청계천 육교 위, 압구정동 지하도 등지에서 상처를 내보이거나 하모니카 등을 불며 구걸하는 거지, 앵벌이들이 많았다. 요즘도(2011년) 일부지역에는 이런 사람들이 있다.

적막
閑漁洞 63

아이의 울음소리가
끊어진지 오래다*
밤이 되면
폐가廢家에 잡벌레들만 날아드는
안식安息의 고향이 아닌지도
이미 오래다.**

---

* 1990년대 말 농촌
** 2000년대 접어들면서 동남아등지에서 어린 처녀들이 농촌으로 시집을 오게 돼 신생아가 더러 있기도 하다. 그러나 이것도 사실상 국제결혼이라는 미명하의 합법을 가장한 인신매매이다. 천만 원 정도면 데려올 수 있다고 한다. 팔려오는 나라의 국민들 입장에서는 얼마나 개탄스럽겠는가. 어린 처녀들은 선택의 여지없이 대부분 20살 이상 나이 차이가 나는 장가 못 간 농촌 노총각들과 짝을 맺는다. 꺼림직 했던지 한 공중파 공영방송에서 '러브 인 아시아'라는 프로그램으로 서로간의 그 못할 짓을 희석시키고 있기도 하다. 딸을 다시 만나면서 흘리는 부모의 오열이 반가움의 눈물이 아니라 빈곤 때문에 딸을 팔아야 했던 회한의 피눈물이라는 것쯤은 다들 알 것이다.

달
閑漁洞 64

저절로 환해진 것으로 생각지 말거라
환함으로 가려진 상처처럼
저절로 행복해지고
대가없이 이루어지는 것은 아무 것도 없다

행복, 기쁨이라고
몸에 새기거라
아프고 쓰라려야
깊게 잘 새겨질이다

너가 있음으로
늘 가혹하지 않을 수 있었다

이제 더 무너질 것도
떠날 이웃들도 없다.

늙은 호두나무
閑漁洞 65

집터였음을
늙은 호두나무가
우두커니 알리고 있다

집이 있던 자리에
늙은 호두나무가
늙은 모습으로
'여긴 집이 있던 자리'

늙은 호두나무와 조화로운 것은
주변에 아무 것도 없다

훗날 늙은 호두나무는
무엇이 늙은 호두나무가 있던 자리라고
기억할 수 있을까.

귀소歸巢
閑漁洞 66

길을 잃어버렸지
돌아오는 길
자꾸 헤매고 있네
집으로 가는 길이 맞는데…
집이 보이지 않아

집이 없어졌으니
당연히 집으로 가는 길도 없지
집으로 가는 길을 잃어버렸어
집이 없어지면서
집으로 가는 길도 사라졌어

길은 그대로인데
없어진 것은 단지 집일 뿐.

업보業報
閑漁洞 67

꽃이 피지 않고 새가 울지 않더라도
봄이 오면
보고 싶을 것이다
너가 버리고 간 저 길
정치政治도 행정行政도 모두 비껴간
면산* 황토구릉, 배나무젖고개**
잡초만 우거진 폐가廢家라도
생각날 것이다
너가 잊고자 했던
애써 잊으려 했던
앞골, 뒷골
키큰 미루나무며
가을 별 따가움이며
용서할 수 없는 시절이 훑고 간
한어동
무망無望한 그 들판의
더럽게도 정들었던 인연이.

* 경북 예천군 호명면 한어동 慶北 醴泉郡 虎鳴面 閑漁洞 동네 앞 얕으막한 산
** 경북 예천군 호명면 호명초교 慶北 醴泉郡 虎鳴面 虎鳴初校 앞 나즈막한 산 고개

2부 시절時節

토사구팽兎死狗烹 - 閑漁洞 68
이태백 - 閑漁洞 69
관행慣行 - 閑漁洞 70
개판 - 閑漁洞 71
반란 - 閑漁洞 72
참수斬首 - 閑漁洞 73
적멸寂滅 - 閑漁洞 74
시인詩人 - 閑漁洞 75
고해告解 - 閑漁洞 76
법法 - 閑漁洞 77
시절 - 閑漁洞 78
혁명革命 - 閑漁洞 79
격문檄文 - 閑漁洞 80
선고宣告 - 閑漁洞 81
공공연한 비밀 - 閑漁洞 82
9급의 진화進化 - 閑漁洞 83
잊지않기 위하여 - 閑漁洞 84

토사구팽兎死狗烹
閑漁洞 68

토끼가 죽었다
사냥개는 이제 쓸모가 없다.
구워서 먹을까 삶아서 먹을까

투표가 끝났다
유권자도 이제 쓸모가 없다
개패듯 패버릴까
개처럼 잡아먹을까

문민의 정부*에서도
국민의 정부**에서도
참여 정부***에서도
토사구팽兎死狗烹은 여전히 유효하다.

* 김영삼 정부
** 김대중 정부
*** 노무현 정부

이태백
閑漁洞 69

대졸 청년 이태백*의 눈빛을 본적이 있느냐
아르바이트를 전전하는 88청년**의 하루를 아느냐
집없는 이농민離農民들,
치솟는 물가와 제 정신이 아닌 집값, 전세 값
팍팍한 삶이 어떤 것인지
의식주衣食住만이라도 걱정 없었으면 하는
고향이 한어동인 70~80년대 빈익빈貧益貧들
정부, 정치, 행정은 듣지도 보지도 못하느냐***

30년이나 흘렀는데도
아직도 투기, 부동산, 부정, 부패 공화국이라니
얼마나 부정하고 불평등했으면
핏대를 세워가며 정의라고 하나****
30년 전에 졌던 짐을
왜 아직도 한어동에 지우나
그 자식들에게까지 대물림 해주고 있나

금준미주 천인혈金樽美酒 千人血

옥반가효 만성고玉盤佳肴 萬姓膏

촉루낙시 민루락燭淚落時 民淚落

가성고처 원성고歌聲高處 怨聲高.*****

* 이십대의 태반이 백수라는 2000년대의 은어
** 한달내내 아르바이트를 해도 급료가 88만원 정도인 젊은이들
*** 대표적 보수 메이저 신문 중 하나인 '매일경제'는 2011년 9월 22일(목)자 1면 톱기사와 4, 5면 전면기사를 통해 '대한민국은 지금 분노의 시대'로 '한국 자본주의는 뿌리부터 흔들리고 있다'는 충격적인 설문조사 결과를 보도했다.
**** 2010년 이명박 정부는 정권 후반기에 접어들면서 공식적으로 '공정사회'를 정권의 핵심가치로 내세웠다.
***** 춘향전의 이몽룡이 변사또 생일날 변사또 앞에서 읊은 시

관행慣行
閑漁洞 70

관행이라고?
오래된 전통, 역사가 있는 관행이라서
고칠 수 없다고?
도저히 바꿀 수 없다고?

주인을 능멸凌蔑하는 것이 관행이라고?
조직이니 하면서 거들먹거리고 거만한 것이 전통이라고?
주인을 속이고
주인 몰래 뒷돈을 챙기고
주지육림酒池肉林에 묻히는 것이
정부, 정치, 행정의 오래된 관행이라고?

스스로 고칠 수 없다면
내가 고쳐주겠다.
바꿀 수 없다면
내 손에 피를 묻힐 것이다

손에 피를 묻혀서 될 일이면

날마다 묻힐 것이다
아예 피로써 손을 씻을 것이다.

개…판
閑漁洞 71

면전에서는 죽일 수도, 죽을 수도 있는 것처럼
돌아서서는 악수를 하며 낄낄대고
형님, 동생 어쩌구… 음담패설에 젖고
적당히 때와 장소와 상황에 따라
말과 얼굴표정을 바꿔야 하는
정의와 진실, 법과 원칙이 통하지 않는
정치…판

민의民意나, 민복民福, 민익民益은
단지 선거용일뿐
지역주의, 패권주의, 당리당략, 사리사욕에 따라
이합집산, 합종연횡合從連衡, 배은망덕, 권모술수,
토사구팽까지
다 통용되는
개…판.

반란
閑漁洞 72

요즈음 쥐들은 버릇이 없어졌다
방房주인을 무시하고 함부로 천정에서 내려와*
주인의 고구마를 갉아먹거나
겁없이 베겟 머리를 오가며
주인의 잠자리를 밤새도록 소란스럽게 하기도 한다
주인이 힘든 농사에 시달려
곤한잠에 떨어지기라도 하는 날엔
쥐들은 마치 점령군이나 혁명군처럼 주인의 방을 접수하여
온 방안을 설치고 다니며
닥치는 대로 오줌을 내 갈기고
방바닥이건 천정이건
우르르 몰려 다니고…
방房은 어느새 쥐들의 세상이었다
주인의 머리맡에서
끝내 주인의 잠을 깨우고
주인의 희망마저 쥐들의 오줌으로 얼룩지게 했다
쥐들의 인격을 믿은 게 잘못이었다.
방房주인을 무시하고, 몰아내려 하고

주인의 희망을 더럽게 얼룩지게 하는
반란의 쥐들에게는
역시 덫이나 약이 마땅했다
하여간 아침이 오면
손에 피를 묻히는 살육의 하루가 되더라도
쥐들에게
주인을 무시한 댓가를 치르게 할 것이다.

* 70~80년대의 겨울 시골에는 방윗목에 싸리나무로 엮은 발을 둘러쳐서 고구마를 보관했는데 천정에서 쥐들이 우르르 몰려다니다 주인이 잠에 떨어지면 방으로 내려와 고구마를 갉아 먹거나 온 방안을 돌아다니며 똥·오줌을 싸다가 주인이 깨면 천정으로 다시 숨어버린다.

참수斬首
閑漁洞 73

절규는 목을 치고
함성은 참수斬首할 것이다
그것들은 너무 자연스럽고
어색하지가 않다
어떤 혁명이라도
대가는 치뤄야 하지 않겠나

망나니의 역할이야 말로 시인의 몫이다.

적멸寂滅
閑漁洞 74

내가 과녁이듯
너도 과녁이다

나의 적의敵意, 나의 시詩가 겨누는 이 시절의 과녁은
바로 너다

부패와 부정
사리사욕, 당리당략
쓸쓸함, 고단함, 허망,
그 끝에 있는
정부와 정치, 행정

그리하여 산자의 모든 피는 뜨겁게
적멸寂滅이다.

시인詩人
閑漁洞 75

세월이나 시대는 달라도
군자君子의 길은 변함없을지니

진정한 군자가 없어
의롭지 못한 시대*

왜 군자가 되지 못하고
시를 쓰게 됐을까

시대를 진단하고
역사를 예언해야 하는 시인이 됐을까.

* 1990년대

고해告解
閑漁洞 76

영혼은 있는가
살아있음과
아직도 사랑할 수 있음을
증거해 줄,
시대를 진단하고
역사를 예언할 수 있는 영혼이 있을까.

법法
閑漁洞 77

인내나 참는 것
굴욕과 수치
그 차이는 무엇인가

법과 도덕
정의와 진실은 또 무엇인가
그것들이 얼마나 사람을 사람답게 할 수 있는가

너를 죽이고 싶은데도
나는 허허허 한다
내겐 권력도 없고 돈도 없다
너를 죽일만한 체력도 없다

너는 분명 죽어 마땅한데도
어떤 방법으로도 너를 어쩌지 못한다

무엇이 인내며 굴욕인가
어디만큼 까지가
참는 것이며 수치인가.

시절時節
閑漁洞 78

버러지 같은 것들을
버러지 같은 것들이라고 말하지 않는다.

버러지들을
아무도 버러지들이라고 말하지 않는다.

사리사욕에 눈먼 버러지 같은 것들
당리당략에 귀먼 버러지들

나서지 말아야 할 버러지 같은 것들
앞장서지 말아야 할 버러지들

저 버러지 같은 것들
저 버러지들.

혁명革命
閑漁洞 79

혁명은 군인이 하는 것만은 아니다
총칼을 들고 살육을 해야만 혁명이 아니다
원한의 피를 뿌리고 복수의 업보를 쌓지 않더라도
혁명은 시작될 수 있다
청사廳舍를 접수하고 포고문布告文을 붙이지 않더라도
혁명을 알릴 수 있다

시인이 앞장서는 혁명!
시대를 진단하고 역사를 예언하는 시인이라면
혁명의 전사戰士가 될 수도 있지 않겠느냐
시대의 격문檄文일 수 있지 않겠느냐

시인이 일어서는 혁명!
시인의 양심과 시인의 정의와
시인의 피로써 물드는 혁명
아름답지 않겠느냐
시詩로써 이룩하는 혁명은 또 황홀하지 않겠느냐

청년이 절망하지 않고
거지가 동정同情을 협박하지 않는
가장家長이 식솔食率 앞에서 목메어 하지 않아도 되는
사람이 사람답게 살 수 있는 세상을
오게 할 수 있지 않느냐

날마다 죽음 앞에서 목숨을 구걸하듯
한없이 구차해야 살아남을 수 있는 세상
시인의 혁명이라면
바꿀 수 있지 않겠느냐.

격문檄文
閑漁洞 80

배腹를 가르고
피로 물든 깃발을 펄럭이게 할 것이다
견딜 수 없는 나의 피가
시대의 격문檄文으로 너를 적실 것이다.

선고宣告
閑漁洞 81

그 영광과 장엄함과 위세도
세월이 가면 소멸되고
초라해 질것이겠고
더더구나 늙어서 쭈그렁 노인이 되면
장군의 위세도 대통령의 권력도
쭈그렁 주름 같아질 뿐이다
너의 몸뚱아리도
죽게 되면 결국 썩어질 뿐이다.

공공연한 비밀
閑漁洞 82

예산의 10%는 공공연한 비밀이다*
알만한 사람은 다 아는데
정작 꼭 알아야 할 사람만
모르는 것인지, 모르는 척 하고 있는 것인지

모른다면 문제고
모른척해도 심각하다

공공연한 비밀 10%에 플러스 알파
플러스 알파는 치명적 선택사항이다
그러므로 사실상
공공연한 비밀 10%에 플러스 알파가 현실이다

'세상이 바뀌고 시대가 변했다'고 하겠지
'요즘도 그런가' 하겠지
'때가 어느 때인데' 라기도 하고
'그럴 리가' 하겠지만
부패와 부정은 훨씬 더 정교해지고

지능적이고 체계화되고
내밀하게 진화(?)됐을 뿐

너는 끝까지
모른다거나 모른 척 하지 말거라

* 정부예산의 10%는 사실상 뒷돈이라는 것은 공무원들을 상대로 '을'의 입장인 사람들에게는 공공연한 비밀이다. 10%에 플러스 알파의 접대나 향응제공이 공무원 사회의 뿌리깊은(?) 관행이다.

9급의 진화進化
閑漁洞 83

겸손하던 너는 9급 공무원 아니었더냐
예의도 바르고 주인을 잘 섬겼지 처음에는
8급이 되고 7급이 되면서
홀쭉하던 볼딱지에 돈 살이 붙고
턱주가리에 제법 청탁이 쌓이면서
너는 빠르게 진화했다

6급이 되고 계장이 되면서
아는 술집이 늘었고
술잔을 잡는 자세도 달라졌다
목소리도 적당히 늘어졌고
조금씩 주인을 내려다보기 시작하고
시건방지고 거만해진 일상을
당연시 하고 있다

2급이나 1급은 얼마나 진화했을까
차관이나 장관은
그보다 더 위는.

잊지않기 위하여
閑漁洞 84

저렇게 떨어지는 꽃잎을
더 이상 소멸消滅의 미학美學으로 위로하지 마라
너와의 끝나는 인연을
만남을 위한 이별쯤으로
곤두박혀 무너지는 것을
솟구치기 위한 침잠沈潛,
새살을 위한 상처
희망을 위한 절망쯤으로
애써 꾸미지 마라

사라지는 것들
무너지는 것들
쓰라린 것들
어두워지는 것들
더럽고 비참한 것들을
그것 그대로 내버려두라.

3부 土

다시 아버지의 편지 - 閑漁洞 85
土 - 閑漁洞 86
천년쯤 - 閑漁洞 87
등굽은 그늘 - 閑漁洞 88
그래서 시인은 믿는다 - 閑漁洞 89
관통貫通 - 閑漁洞 90
전야前夜 - 閑漁洞 91
편지 - 閑漁洞 92
미욱 - 閑漁洞 93
노블레스 오블리주 - 閑漁洞 94
하명下命 - 閑漁洞 95

다시 아버지의 편지
閑漁洞 85

애야, 30여년 만에 다시 너에게 편지를 쓴다
그래 꼭 이맘때 쯤이였구나
니 주인집에 보내려고 고구마를 캐고
졸업할 무렵이라 돈이 더 많이 든다고 해서
밤낮없이 마늘을 다듬고 고추를 말리던 때였던 것 같다
세월이 빠르다더니…
그새 30년이나 흘렀구나

농사도 올해가 마지막일듯 하구나
이제 더 이상 농사를 지을 힘도 없고
갈수록 기력도 떨어지고
언제 또 너에게 이런 편지를 쓸 수 있을지 모르겠다만
늙더라도 니한테 짐이 되는 말아야 할 텐데…
그게 걱정이구나

내일 모레쯤 고구마를 캐면
니 주인집에 한 자루 보낼 것이며
졸업하고는 이태백*이라고 하니

돈은 또 더 필요할 것 아니겠느냐
장날에 고추와 마늘을 팔아
많지는 않지만 보내줄 터이니
주변에 비시받히지** 않도록
술도 사고 밥도 한번 씩 사거라
다행히 올해는 고추 값이 좀 올랐다고 하니***
조금은 더 보내줄 수 있을 것 같구나

한어동의 업보는 애비의 대代에서 반드시 끊을 것이다
살아서 끊지 못하면 죽어서라도 모두 거두어 갈 것이니
아무 걱정 말고 변함없이 스무 몇 살 꿈을 꾸고
니 사랑의 푸름을
누가 업신여기지 않게 잘 가꾸도록 하거라

어쩌면 이 편지가 마지막이 될지도 모르니
애비가 한평생 살면서 느낀
꼭 해주고 싶은 말 한마디는 하겠다
살아가는데 불편하지 않는 사람들은

결코 나서지 않는다는 것을 알고 있거라
자유민주주의, 자본주의의 혜택을 가장 많이 누리는 자들은
사실상 세상을 바꿀 이유가 없단다
아무리 자유와 민주, 평등과 정의를 위해서라고 해도
법과 제도가 바뀌는 것을 부담스러워 하고
오히려 거부한다는 것을 기억하거라

그리고 얘야,
니가 아무리 이태백이라도
애비 어미한테는 세상에서 니가 최고다
세상의 그 무엇보다도 귀한 내 새끼이니
환절기에 여전히 감기 조심하고
부디 몸성히 잘 있거라

이 애비가 가장 싫어하는
나락빛 받을수록 더욱 눈부신
가을볕의 계절이 왔구나
그동안 널 키우랴 공부시키랴 울 겨를도 없었는데

이 편지를 보내고 나서
오늘은 평생에 딱 한번만 울어야겠구나
2011년 9월 28일
한어동에서 애비가.

* 이십대의 태반이 백수라는 은어
** 업신여김받다 혹은 주눅들다라는 뜻의 지방말
*** 2011년 여름 104년만의 장마로 고추농사가 흉작이라 고추 값이 예년에 비해 많이 올랐다.

土
閑漁洞 86

그렇게 하렴
다 가지렴
너가 하고 싶은대로
내키는 대로
산산을 헐어내든
물을 가로막든
논밭을 밀어버리고
농가農家를 엎어버리든
그렇게 하여 너가 좋다면
도취감을 느끼고 승자勝者가 된다면
다 가져 가렴
너 내키는대로 하려므나
국태민안國泰民安, 국리민복國利民福이라면
다 네 뜻대로 하려므나
그렇게 하렴.

천년쯤
閑漁洞 87

제대로 묵히고 썩힌 것들은
그것이 무엇이든 간
냄새가 나지 않는다

천년쯤 묵거나
천년쯤 썩어 보거라.

등굽은 그늘
閑漁洞 88

열네살 쯤
척박한 뒤뜰에 '살 수 있을까'하면서
심어놓은 나무가
내가 저를 잊은 지 수십 년*이 지났는데도
그때 그 자리에서
뒤틀리고 옹이투성인 채로
모두 떠난 빈집에
등굽은 그늘을 드리우고 있다.

* 40년

그래서 시인은 믿는다
閑漁洞 89

시인이 "저러니까…"이긴 해도 너처럼은 아니지
"글쎄 저렇다니까"이긴 해도 너만큼은 아니지 않느냐
순진이나 무능이나 그게 그 말인 걸로는 받아들이겠다만
절대 너 같지는 않지

시인이 까다롭고 아주 짜증나고 피곤하고 말이 많고
궁색하고 남루하고 무능하면서도 잘난 척하기는 하지
다중인격이거나 삐딱하고 더러 염세적이기도 하고
그렇지 말장난에 능하고 말꼬투리도 잘 잡고
물고 늘어지기도 잘하지 그렇긴 하지
질퍽대기도 깐죽거리기도 잘하지

아무리 그래도 정치, 행정만큼이야 하겠니
그러니 그만하면 괜찮은 건 아니니 썩 괜찮지는 않더라도
그래서 시인은 믿는다
인간에 대한 믿음이다.

관통貫通
閑漁洞 90

무엇이 더 남았을까
너에게 줄 수 있음이
너를 위해 아직 할 수 있음이

빈 들판에 서서
살을 에는 한겨울 바람을 맞으며
생각하면
시절時節이 뚫고 간 휑한 몸뚱아리.

전야前夜
閑漁洞 91

네 탓이 아니다
너가 이태백*인 것이
너가 88청년*인 것이
지금은 너가 못났거나 잘못한 때문 아니라는 것만 알거라

그러니
부끄러워하지도 쪽팔려 하지 않아도 된다
너가 스무 몇 살이라는 것도 슬퍼하지 않아도 된다
그 또한 너의 탓이 아니다

부끄러워 해야 할 사람은
너가 아니고 나다
쪽팔려 해야 할 사람은
가장이고 주인인 나이니
그 정도만 알고 있거라

나도 네 나이때는 내 탓인줄로 알았었는데
내가 못나고 잘못한 때문인줄로 알았었는데

살아보니 그게 아니었더구나

그러니 너도 죄지은 것처럼 주눅 들지 말거라
고개를 들고 어깨를 펴거라
너가 그럴수록
참으로 민망스럽구나

너의 스무 몇 살이 여전히 안스러울 줄은
청년인 네 나이가 아직도 가혹할 줄은 미처 몰랐다
이 몇 줄의 시가 얼마나 위무慰撫가 되겠느냐마는
……
혁명이 될 날도 있을 것이다.

* 이십대의 태반이 백수라는 2000년대의 은어
** 한달내내 아르바이트를 해도 급료가 88만원 정도인 젊은이들

편지
閑漁洞 92

너에게 편지를 쓴다
"아직도 너를 생각하면
마음의 한쪽마저 무너져 내린다"
그런 몇 줄 쓰고 나면
마침내 흔적조차 없다.

미욱
閑漁洞 93

넌 이름이 뭐니?
……

길가에 못 보던 어린 풀 한포기
그러나
대답이 없다

너 이름이 뭐냐고?
……
……

애초부터 이름이 없는 것에
자꾸만 이름을 묻고 있으니.

노블레스 오블리주*
閑漁洞 94

이제는 한어동에 대한 부채負債를 갚거라
그만큼 부귀영화를 누렸으면
대대로 또 누릴 것이면
기회를 줄 때 책무責務를 다하거라

너만을 위한
자유민주주의, 자본주의가 아니다.

* Noblesse Oblige

하명下命
閑漁洞 95

생애生涯를 걸고 말하겠다

너가 대통령이라면
들어라
너는 무소불위無所不爲의 절대권력자가 아니고
주인을 위해 비루鄙陋하게 죽을 수도 있는
큰 일꾼이거나 큰 머슴이다

너가 장관이라면
듣거라
너는 호가호위狐假虎威하는 선택받은 자가 아니다
주인을 위해 다소 덜 비루하게 죽을 수도 있는
작은 일꾼, 작은 머슴이다

너가 국회의원이라면
또한 듣거라
너는 집이나 나라의 안팎을 구석구석 잘 살펴서
주인의 일을 대신해주는 대리인이다

주인의 집사執事 같으니라

너가 대통령이라도
장관이거나 국회의원이라도
너희들이 한어동 혹은 나라의 주인은 아니다
한어동이나 나라의 주인은 너희가 아니고 바로 나다

머슴과 일꾼을 잘못 뽑은 대가를
살면서 이만큼 치루었으니
내 땅 내 나라를 피로 물들이기도 하고
원한의 메아리가 골을 울리게도 하였으니

들어라
다시는 주인을 능멸凌蔑하지 말 것이며
주인을 기만하거나 업신여기지 말거라
주인 몰래 주인의 재산을 빼돌려
주지육림酒池肉林에 묻힐 생각도 말거라

생애의 한번은 용서하고
또 용서했다만
다시 그런 시절을 오게 하면
내쫓지 않고
목을 쳐 버리겠다

너희의 자리가 출세의 꼭지점이 아니다
성공의 정점頂點은 더욱 아니다
너희의 성공과 출세는
사람이 사람답게 살 수 있는 세상을
만드는 것이다

더불어 함께 행복한
화평한 세상을 이룩하는 것일지니
상대적 가난, 상대적 빈곤, 상대적 박탈감에 절망하는
더러운 세상은 다시는 오게 하지 말라.
땀 흘린 만큼 사람의 향내 넘치는
깨끗한 자유민주주의가 되게 하라.

4부 돌아서 가는

전화 - 閑漁洞 96
곤짠지 - 閑漁洞 97
유지遺志 1 - 閑漁洞 98
유지遺志 2 - 閑漁洞 99
벌초 - 閑漁洞 100
가문家門 - 閑漁洞 101
호미질 - 閑漁洞 102
한계 - 閑漁洞 103
절연絕緣 - 閑漁洞 104
한어동閑漁洞 - 閑漁洞 105
돌아서 가는 - 閑漁洞 106
수컷 - 閑漁洞 107

전화 電話
閑漁洞 96

고향故鄉의 노모老母에게서 전화電話가 왔다.
"별일 없느냐…애들도 잘 있느냐"

그러나 팔순의 노모老母는
하고 싶은 얘기는 하지 않았다.
"왜 명절인데도 내려오지 않고… 사는 게 뭐가 그리
바쁘냐. 다른 집 자식들은 다 내려왔다 갔는데 너는
왜 늘 사는 게 그 모양이냐"
그 말을 하기 위해 전화를 마음먹고 걸었으면서도
"그저 무탈하게 잘 지내거래이"
그렇게 하고 싶은 말은 끝내 하지 않고
'그냥 한번 걸어봤다'하면서 전화를 끊었다.

팔순의 노모老母가
끝내 하고 싶은 말은 하지 않듯
나도 별일이 많으면서도
사는 것이 참 그런데도
'아무 일 없이 잘 있다'며
그냥 수화기를 내려놓는다.

곤짠지*
閑漁洞 97

지금도 고향집에는
80노모老母가 홀로 살고 계십니다

할미꽃처럼 굽은 허리 때문에
몸 가누기조차 어려운데도
무말랭이며 고들빼기
참기름, 들기름, 된장, 고추장, 간장, 쪽파
감자, 고구마, 시래기 삶은 것, 냉이 삶은 것… 등을
철철이 택배로 보내줍니다

20세기까지는 머리에 이고 손에 들고
열 시간 버스를 타면서
멀고 먼 서울까지 직접 가져다 주더니
21세기가 되니 택배로 보내줍니다

오십이 훌쩍 넘었는데도
밥이나 혹시 굶지 않을까
반찬이 없어 밥을 잘 못먹는 것은 아닐까

어제도 노모老母는 못 쓰는 자전거 튜브로 묶은
라면박스 한 개와 쌀 한 포대를 보내왔습니다

서울생활 30여년
반찬이 없거나 쌀이 떨어질 지경까지는 아닌데도
눈밖에 있는 자식에 대한 노모老母의 걱정은
여전히 열 몇 살인 듯 합니다

이제 제갈 길 찾아 갈 때가 된 내 자식들은
곤짠지에 밥을 먹다가도
고구마를 먹으며 TV를 보다가도
눈시울 붉게 돌아서는 아비의 모습을 어떻게 생각할까요

냉장고와 김치냉장고에
차곡차곡 쌓여만 가는 그것들을
조만간 또 버려야 할 텐데.

* 무말랭이 무침

유지遺志 1
閑漁洞 98

"아버지, 이제는 제발 죽으세요
뭘 그렇게 명줄에 매달리세요"

아버지는 온갖 구차한 모습을
끝까지 다 보여주었다

결국은 죽을거면서도
비겁하고 추했다

무책임한 가장이었고
죽을 때까지 전혀 준비가 안 된
주손胄孫이었다

죽으면서도 업보業報를 거두어가기는 커녕
자식들에게 지워주었다

"아버지, 이제 그만 죽으세요."

유지遺志 2
閑漁洞 99

아버지가 죽었다
그런데 이상하게도 집안에 평화가 왔다
숙부는 우는 시늉이라도 하라고 성화지만
눈물 한 방울도 나오지 않는다 밥만 잘 넘어간다

아버지가 죽음으로써
집안의 비극과 슬픔을 다 거두어 갔단 말인가
두려움과 억압의 시절이 마침내 끝났다는 것인가
그렇다면 오열과 곡哭소리로 더욱 비통해야 마땅한데
오히려 상가喪家는 너무 조용하다

주손冑孫이 죽었는데도
한 집안의 대들보가 무너졌는데도
집은 아주 멀쩡하고
평화가 왔다는 안도감으로
오히려 식구들은 짚단처럼 털썩털썩 쓰러진다

일흔여섯 아버지*가 거두어간 건

오직 아버지 자신뿐이었는데도
집안엔 평화가 왔다

왜 아버지는 더 일찍 죽지 않았을까.

* 유난히 주손胄孫임을 강조하셨던 필자의 아버지는 2001년 6월 76세를 일기로 돌아가셨다.

벌초
閑漁洞 100

무덤가에 다시 섰습니다
들미* 수 십만평 문중산門中山 기슭 앞에는
4대강 개발공사가 한창이고
하루아침에 무덤가는 명당이 됐습니다

동녘골 문토門土*와
수꾸마골, 덕살미* 땅들에는
경상북도 도청소재지가 이전된다해서
날마다 들썩이고
자산골*, 말배미*, 앞배미*도 춤을 춥니다
못자리하던 터서리*는 머지않아
천평 쯤 되는 정원이 될 것이겠고
제법 땅부자 소리도 듣습니다

그렇지만
온갖 구차한 모습을 끝까지 다 보여주면서
비겁하고 추하다 못해
죽으면서도 업보業報를 자식들에게 남겨주었기에

고마울 것도 없습니다

웬만해서는 상처받지 말고
살면서 다시는 눈물 흘리지 않도록
이 악물고 살라는
몸으로 남긴 유언遺言이었겠지만

부끄럽고 못난 가장家長의 모습이
너무 모질게 맺혀

생전에 함께 가시나무를 캐고
잡초를 벨 때처럼
괭이질을 하고 낫질을 하다가도
눈물은 커녕 어금니만 깨물게 됩니다.

---

* 경상북도 도청소재지가 이전돼 온다는 경북 예천군 호명면 한어동 주변 들녘 이름.

가문家門
閑漁洞 101

"너희의 슬픔과 고통을 다 거두어 가리라
내 아들 딸 손주들아
쓰라린 빈농貧農의 들판이든
욕된 식민, 피비린 전쟁의 추억이든
선대先代로 인해
너희가 감내해야 할 업보業報라면 그 어떤 것일지라도
내 조상祖上 전殿 가는 길에 모두 거두어 갈지니
핏줄들아 부디 너희들은
이제는 부끄럽지 않는 가문家門으로
화목하게 살아라"

이 땅의 정직한, 그러나 서럽던 민초民草 한 포기로
90평생을 살아오신 조모祖母님
함박눈이 펑펑 내리던 경오 섣달 아흐레*
눈꽃 상여 안에서
참으로 오래도록 애절하게 핏줄들을 돌아 보셨어.

* 경오년(1991년) 음력 1월 9일 필자의 조모祖母 발인 날 : 꽃송이 같은 굵은 함박눈이 상여 위로 펑펑 쏟아져 상여 전체가 마치 눈꽃에 싸인 것 같았다.

호미질
閑漁洞 102

한강물 바닥은 썩었다
정치, 행정의 쓰레기와 부패로
더러운 뻘이다
깊은 강바닥의 진실을
시장과 서울특별시민들은 얼마나 알까

금빛 찬란한 수도 서울의
한복판을 보란 듯이 흐르는
기적의 한강물 심연深淵이
사실은 냄새가 지독한 쓰레기와 뻘이라는 것을

강의 밑바닥이 저렇게 썩고 있는데
추악한 부패로 깊은 뻘인데
정치와 행정은 오늘도 회의 중이다.

의회는 다소 썩긴 했지만
그 위로 흐르는 강물은 '적합'하다고 의결하고
행정은 그 물이 '아리수'*라며 고시告示한다.

사람의 해골과 뼈와 피와 살점이
쓰레기와 뒤엉켜 썩고 있어도
'강의 흐름에는 전혀 문제가 없다'며
보고서를 발표 할 것이다.

썩은 강바닥위로 흐르는 한강물이
온 산천을 휘돌면서 다시 한세대를 흘러가면
사람들은 또 어떤 모습으로 업보를 지게 될까
등뼈가 휘었거나 외눈박이가 되지는 않을까

허망한 호미질로 근본이 썩은 저 강줄기를
어찌할 것인가.

* 서울의 수돗물 이름

한계
閑漁洞 103

노모老母는 뻔히 버릴거라는 것을 알면서도
또 갈 때쯤이면
"야야 이거 가져가라
차에 올려놓기만 하면 되지 않느냐"며

차에 올리고 내리고 또 갈아타고 하는 것들이
얼마나 거추장스러운데
힘들고 궁상스러운데

"차에 올려놓기만 하면 되는데
그것도 못하느냐"며
이 보따리 저 보따리 자꾸 싸고 있다,

한어동에서 버리면 될 것을
'뭘 이런 것들은 다 필요없는데' 하면서
처음부터 놓고 오면 될 것을
기껏 서울까지 들고 와서
집까지 힘들고 추접스럽게 잘 들고 와서야

거칠게 버린다

여전히 한어동에서는 버리지 못하는 것들
집에 와서야 "에이 먹지도 않는 것들"하면서 쓰레기 봉투에 처넣는
거기까지가 한계다
아직도 남아 있는 한계의 2%다.

절연絕緣
閑漁洞 104

참기름, 들기름, 백설기, 기지 떡, 자두, 복숭아, 밤, 배, 사과,
송편이며 배추, 고추장, 된장도, 제법 귀하다는 고춧가루도
노모老母가 싸준 모든 것들을 버렸다
별것은 아니라며 싸준 만큼
그것들을 쓰레기봉투에 별것 아닌 듯 처박았다

보자기도 버렸다
눈물, 한숨, 궁상, 궁핍, 수치, 부끄러움, 추접같은 것들이
아주 조금이라도 남아 있을 것 같아서
집요하고 끈질긴 것들
버리지 못할거라 호언장담하던 것들
벗어날 수 없게 만드는 질긴 인연을
참수斬首하듯 버렸다

노모老母는 이미 알고 있는 듯 했다.

한어동閑漁洞
閑漁洞 105

어서 오너라
여기가 바로 한어동이다
덜 가지고 내세울 것 별로 없는 사람들끼리도 정답게 살아가는
땅 심 좋고 인심까지 덤으로 좋은 곳
와서 편히 쉬거라

이 아랫마을은 어지리漁池里이고
저 안쪽 소쿠리처럼 편안한 마을은
한어閑漁이다
한어에서 어지리를 오가며
물고기 잡고 토끼몰이 하고
멱을 감으며 우애를 나누던 땅이다

이웃 간의 덕을 칭송하고 허물은 덮어주고
좋은 일은 흥겨워하고 슬픔은 함께 나누던
화평의 못물이 세상으로 넘쳤다

이 마을 사람들이
얼마나 근면하고 성실한지
의롭고 진실한지는
콩밭, 고추밭, 참깨 밭, 나락 논에 물어보면
말해줄 것이다

지치고 혼곤 하거든 어서 오너라
다치고 무너졌더라도
와서 다시 추스리거라
여기가 바로
경상북도 예천군 호명면 한어동 慶尙北道 醴泉郡 虎鳴面 閑漁洞이다.

돌아서 가는
閑漁洞 106

목련은 꽃이 질 때 추하다
짓무르면서 떨어질 때는
더럽고 지저분하기까지 하다

지는 모습이 더 아름다운 꽃이 있는가
떨어지는 꽃잎이 더 황홀한 꽃이 있는가
활짝 필 때보다 사라질 때가
이별일 때가 더 설레이고 향내 나는
인연이 있는가

돌아서 가는 너보다 더 목메이게 하는
그 무엇이 있을 것인가.

수컷
閑漁洞 107

새끼와 암컷을 위해

사냥을 하고

스스로 적들에게 표적標的이 되기도 하는 것은

업보業報같은 수컷의 책무責務이다.

발문跋文

시인이 돌아왔다

박세현(시인)

  시인 윤승천이 문학으로 돌아왔다.

  신작 시집 『한어동』은 20여년 만에 '문학방향'으로 복귀하는 시인의 생각이 녹음된 그의 새 음반이다. 새롭게 문학작업을 개시하는 시인의 손짓이다.

  그는 1984년 등단 후 6년 만에 세 권의 시집을 소낙성으로 출판한 뒤, 문학판에서 철수했다. 시를 발표하거나 시집을 출판하는 일들에서 손을 떼고 살았다는 뜻이다.

  그리고 그는 1990년대와 새로운 세기의 십년을 입 다물고 살았다. 살아냈는지도 모른다. 이게 내가 아는 윤승천에 대한 정보의 전부다. 장대높이뛰기 선수가 장대를 놓고 사는 것은 얼마나 힘들겠는가 싶다.

  시와 자발적으로 멀어진 이후의 삶에 대해 시인에게 물어보고 싶은 질문도 이 문맥에 있다. 용케도 그는 잘 산 것 같다. '같다'는 나의 판단이다.

우리는, 한때 그와 나는 '우리'였던 적이 있다. 동인그룹 《세상읽기》의 멤버로 활동하던 때가 그때다. 두 장의 음반을 내고 해산한 음악그룹처럼 동인들은 각자 솔로로 살아가고 있는 중이다.

우리는 《문예중앙》으로 등단한 인연으로 인해 더러 자주 만났고, 어느 날 그 도도한 시의 시대라 불리워진 1980년대의 지평에서 '문단의 미아'가 되지 않기 위해 '뭔가 저질러야 되지 않겠느냐'고 그가 내게 속삭여왔다.

《시와 경제》,《시운동》과 같은 소집단운동을 의식한 발상이었다. 윤은 내게 동인들의 라인업을 맡겼고, 그는 발빠르게 시인들을 접촉했다.

놀라운 것은 그의 단도직입적 행동력이었다. 아니 그는 한 개의 무서운 단도였다. 거칠 것이 없었고, 주저도 없었다. 이 말을 하는 것은 윤씨의 행동공학을 귀뜸하고자 함이다.

1980년대 초반에 윤과 나는 서대문구 방향에 살았다. 그는 응암동이고 나는 홍은동이 주소지였기에 노선버스를 같이 탄 적이 있다. 대면한 지 얼마 되지 않은 시점이어서 약간은 서먹한 사이였는데, 버스가 이대 앞쯤을 지나갈 때, 윤은 버스 속에서 내 나이를 물어왔고, 믿지 못하겠다면서 민쯩을 까자고 해서, 쯩을 보여줬더니, 그는 조용히 승복하고 지금까지 선배라고 호칭한다. 민쯩에 감사할 일이다.^*^ 다 푸른 혈기를 애무하던 시절의 에피소드다.

이런저런 연으로, 나는 일천구백팔십육년에 나온 그의 첫시집 해설 필자로 기용되기도 했다. 20년이 훨씬 넘은 지금, 그 해설을 읽어보는 일은 '우리에게도 젊은 날이 있었다'는 어떤 확증이기도 하다. 해설의 일부를 인용한다.

> 시집 『안 읽히는 시를 위하여』에는 미 발표작을 포함한 84편의 시가 수록되어 있다.
> 「1979년 7월 22일의 승천이에게 이 책을 바친다」는 독특한 헌사가 새겨진 이 시집은 윤승천적일 수밖에 없는 자전적인 시들로 가득 차 있다.
> 헌사의 의미가 윤승천에게 있어 어떤 '내력'의 것인지는 알 수 없으나, 그의 시 도처에 그러한 '내력'을 증거하는 청춘의 못자국이 잘 드러나고 있다.
> 그의 시는 젊음이 갖는, 가질 수밖에 없는 여러 징표들로부터 벗어나려는 외침으로 가득차 있으며, 젊은 날의 상처를 외면하기보다 뼈아픈 각성과 화해의 자리를 마련하려는 눈부신 고통의 스펙트럼이다.

나는 그의 시에서 상처받은 젊음을 발견했던 것이다. 그렇게 읽어주고 싶었다. 그때 이미 아니면 이미 그때, 이 거 같은 말이 아닌가?, 그의 시집에는「한어동」시편들이 등장한다. 그러니 지금껏 시인 윤승천은 자신의 태반인 '한어동'을 완성하기 위해 질주했다고 해도 틀린 말이 아니라고 본다.

한 자루의 단검같은 그에게 이토록 크고 질긴 집착심을 키워준 '한어동'의 존재감은 나같은 독자에게는 부러움의 대상일 따름이다. 그의 시집『한어동』에는 그가 반평생 품고 세공한 한어동만 있다.

시인에게도 독자에게도 즐거운 독서의 향연이었으면 좋겠다.

이제 시인 윤승천이 문학으로 돌아왔다. 경쟁자 한 명이 더 추가되는 것은, 업계로서는 환영할 일만은 아니다. 그렇지만, 지지부진한 문학판을 같이 거들어줄 인력이 늘어난다는 것은 기쁜 일이다.

시인은 여전히 뜨거운 체온을 가졌다는 점에서 청년이다. 그에게서 나는 언제나 탕진되지 않는 한 줄기 순정성을 본다. 그는 지금 30여년이나 서울 한복판에서 살고 있지만, 여전히 1970년대 '새마을 노래'가 울려 퍼지는 한어동을 살아내고 있다는 점에서도 그러하다.

소설가 김승옥이「무진기행」에서 보여줬던 1960년대의 '출세한 촌놈'을 윤승천에게서 다시 본다면 과장일까, 과찬일까? 이미 오래 전에 떠난, 다시 회귀할 수 없는 모태를 향한 발걸음이 그의 '한어동'이 아니었던가.

시인은 자서에서 말한다.

 시는 생애 혹은 목숨을 걸고 대결하거나 시인은 또 그렇게 시대를 진단하고 역사를 예언해야 하는 것으로 배워왔고 생각했었다.
 그 진검승부에 자신이 없었다.
 이십 몇 년간 시를 쓰지 않고 혹 쓰더라도 발표하지 않은 이유이다.

시인이 만든 이십 몇 년간의 공백의 규모가 어떤 시보다 더 시이자 시인의 진검이다. 한국문단이라는 무림으로 표표히 걸어 들어오는 시인을 위해 오늘은 축배. 그의 손에는 시라는 진검이 들려져 있을 것이다.
나는 시인에게 낮은 목소리로 말하겠다. 진검도 보고 싶지만, 당신의 진검을 막 뚫고 나온 녹, 그것이 더 보고 싶다.

발문跋文

다시 시단으로 돌아온 '장고' 윤승천

이승하(시인)

윤승천 형께

형의 시집 뭉치 원고를 받고 만감이 교차하는 것을 느꼈습니다. 25년 세월 저쪽에서 형은 뚜벅뚜벅 걸어 나오고 있었습니다.

1986년에 형의 발의로 결성한 《세상 읽기》 동인은 동인지를 2권만 내고 해체되어 단명한 동인이 되었지만 우리의 우정(?)은 예나 다름없이, 변함없이 지금까지 이어지고 있습니다.

1986~87년 신촌 일대를 박세현·원재길·오태환 동인과 더불어 다섯 명이서 참 많이 싸돌아다니며 이 땅의 시에 대해 치기어린 고담준론을 나누었는데, 우리 어느덧 50대로 접어들어 있습니다. 세월의 무상함을 느끼지 않을 수 없습니다.

과거지사를 잠시 돌이켜봅니다. 우리는 1년 가까운 준비 기간을 거쳐 1986년 10월에 동인지 제1집을 『세상읽기』라는 제목으로, 1987년 4월에 동인지 제2집을 『오늘의 빵에 관하여』라는 제목으로 장석주 시인이 편집주간으로 있던 청하출판사에서 펴냈지요. 제3집은 준비를 하긴 했지만 세상에 나오지는 못했습니다.

윤형이 그 즈음에 건강신문사를 인수하였고, 박세현 형이 원주 영서대학교 전임이 되었고, 원재길 형은 시를 그만 쓰고 소설을 쓰기 시작했으며, 저는 쌍용그룹 홍보실에 입사해 정신없는 나날을 보내게 되었습니다. 오태환은 『북한산』이란 시집을 내고는 칩거의 세월을 보내게 되어 만나는 것조차 쉽지 않았습니다.

윤형의 발의로 동인 중 4명이 20년 만에 모여 회포를 푸는 시간을 가졌습니다. 2007년 여름에 원주의 첩첩산중에 있는 원재길 형의 집에서 밤을 꼬박 새며 술을 마셨습니다. 헤어지는 마당에 윤형의 권유로 저는 『피어 있는 꽃』이라는 서간집을 건강신문사 출판국에서 내기도 했었지요.

윤승천 시인은 제3시집 『김과장과 이대리』를 낸 1990년 이후 시단에서 완전히 사라진 시인이 되고 말았습니다. 그러니까 이번 제4시집은 장장 21년 만에 펴내는 시집입니다.

그간 붓을 꺾고 산 이유를 정확하게 말한 적이 없었는데, 자서를 보니 대강 짐작이 갑니다. 분주한 생활도 형을 속였겠지만 시단의 기류에 휩쓸리고 싶지 않았던 어떤 염결성 같은 것 때문이 아니었나 싶네요.

  시집에 대한 해설의 글은 문학평론가께서 써주실 것이므로 저는 시집 원고를 통독한 인상기를 쓰겠습니다.

  형은 고향 경북 예천 한어동을 벗어나고 싶어했습니다. 그곳은 천진난만하게 뛰어놀던 유년기의 낙원도 아니었고, 어머니의 품처럼 따뜻한 내 마음의 둥지도 아니었습니다. 벗어나고 싶지만 벗어날 수 없는 곳이 고향이요 잊어버리고 싶지만 잊어버릴 수 없는 사람들이 고향 사람들인 것이지요.

  우리나라의 산업화는 농촌의 희생 위에 이룩한 것일진대, 이런 사회학적 견지에서의 비판이 이번 시집에서는 특히 돋보입니다.

  제1시집에서부터 시작된 한어동 연작이 이번 시집에서 종결된 것이 아닌가요. 그러고 보니 형은 한어동에 꼬박 30년 동안을 매달려 있었던 것입니다.

  고향은 첩첩 쌓인 회한의 장소이고 지긋지긋한 애증의 대상이었던 것입니다. '이젠 애증도 없어질 때가 된 것 같다'는 말을 듣고 보니 이번 시집을 내면서 형이 얼마나 후련함을 느끼고 있나, 알게 됩니다.

  다시 말해 형은 이번에 제4시집을 내면서 30년 묵은 체증을 푼 것입니다. 한어동 연작을 마무리하지 않는 한 새로운 시를 쓸 수 없었던 것이지요. 다 풀었으니 이제 새로운 시의 밭을 갈아나가기 바랍니다.

오늘날의 시에 대해서는 형이 1986년에 낸 첫 시집 『안 읽히는 시를 위하여』란 제목이 여전히 유효하다고 할까요. 아니 지금은 그때보다 더 시집이 읽히지 않고 있습니다. 80년대만 하더라도 시가 이런 취급을 받지는 않았으니, 이 또한 금석지감을 갖게 합니다. 침묵의 시간이 참 길었으므로 오히려 더욱 힘을 내어 시작에 몰두할 수 있지 않을까요.

한어동은 여전하네요. 퇴락하고 피폐한 우리 농촌의 모습이 펼쳐져 있어 마음이 아픕니다. 고향을 바라보는 형의 마음은 울분과 회한, 외로움과 쓸쓸함으로 요약될 수 있을 것입니다. 안타까운 일이 아닐 수 없습니다.

자, 이제 한어동을 정리하고 을씨년스런 추억만 남아 있는 고향을 떠나는 것입니다. 황사바람 부는 도시에서는 또 말도 안 되는 정치와 경제가 형의 마음을 아프게 하지만, 이 도시에서 이제 펜을 쥐고 뒹굴어보는 것입니다.

젊은 날의 열정을 되살려내기는 쉽지 않겠지만 더 치열하고 더 웅숭깊은 시로써 우리 시단에 '돌아온 장고'의 모습을 보여주기를 바랍니다.

시집 출간을 진심으로 축하하며, 다섯 명 다 모여 축하의 술잔을 기울일 날을 기다리고 있겠습니다.

발문跋文

혼자 있을 때 다 우는 사람

원재길(작가)

 며칠 전 전화했더니 운동 중이었다. 점심 먹은 뒤엔 꼭 땀을 흘리는 듯하다. 앞서 보았을 때도 근육이 터질 것 같더니만. 지금쯤 더 우람해져 있을지도 모르겠다. 볼 만하겠다.

 윤승천은 한결같은 사람이다. 이십오 년 전이나 지금이나 똑같다. 하하하 웃다가 끝을 쓱 올리는 웃음소리도 똑같고, 칼칼하면서 힘찬 목소리도 똑같다. 사람 나이를 하루 시각에 견주면, 지금 그의 나이는 오후 서너 시쯤 된다. 그런데 예나 지금이나 겉보기에 그의 나이는 오전 열시에서 열한시 사이에 멎어 있다. 시계가 고장 난 모양이다.

 그를 처음 만난 곳은 용산에 있는 어느 다방이었다. 금붕어들이 노니는 어항 곁에서 우리는 시에 대해 이야기했다. 나른한 봄날 오후에 정적을 깨며 밝고 힘차게 울리던 그의 목소리가 지금도 또렷이 떠오른다. 그즈음에 젊은 시인들에게서 그런 목소리를 듣는 건 흔한 일이 아니었다. 시절이 시인들을 조로하게 만들었다.

그 뒤로 언제 어디서 만나든 그는 목소리 톤이 우렁찼고 낯빛이 밝았다. 늘 얼굴에서 햇살이 부서졌다. 아무리 힘든 일을 겪을 때도 그는 웃었다. 발을 동동 구르면서도 웃었다. 나는 그가 혼자 있을 때 다 울고, 밖에 나와선 울지 않는 사람으로 이해했다.

그의 시도 한결같다. 첫 시집에서 고향을 노래하더니 지금도 고향을 노래한다. 화가로 치면 박수근, 가수로 치면 나훈아와 비슷하다. 어떤 때 고향은 그에게 이상향과도 같은 곳이다.

> 어서 오너라
> 여기가 바로 한어동이다
> 덜 가지고 내세울 것 별로 없는 사람들끼리도 정답게 살아가는
> 땅 심 좋고 인심까지 덤으로 좋은 곳
> 와서 편히 쉬거라
>
> 「한어동 : 閑漁洞 105」의 부분

그런가 하면, 또 어떤 때는 절망의 수렁으로 비쳐지기도 한다.

꿈같은 것들
희망같은 것들이 사라지듯
나이 들면서 무너지고 소멸되듯

「생애生涯 : 閑漁洞 61」의 부분

그는 고향을 노래하면서 미소 짓고, 또 아파서 찡그린다. 이처럼 그에게 고향은 애증의 대상이다. 하지만 고향에게 시인은 오로지 영원한 사랑의 대상일 뿐이다. 고향은 시인을 조건 없이 사랑한다. 고향에 홀로 사시는 팔순 어머니의 마음이 꼭 그렇다.

그러나 고향에 대한 시인의 증오는 어머니께서 보내주신 음식들을 내다버리는 행위에서 절정을 보여준다. 아버지 무덤에 풀 베러 가선 아버지에게 '고마워할 것도 없다'고 말할 때, 그가 어려서 고향에서 겪은 어떤 일들이 아직도 트라우마로 남아 있음을 알 수 있다. 그는 언제나 이 상처를 치유할 수 있을까.

곁에 놓인 『노자』에 손이 간다. 한 대목 찾아서 읽어본다.

> 가장 착한 것은 물과 같다. 물은 만물을 이롭게 하면서, 다투지 않고 뭇사람들이 싫어하는 곳에 처한다.
> −〈上善若水〉

물은 너와 나를 가르지 않는다. 이로움과 손해를 가르지 않으며, 높고 낮음을 가르지 않는다. 나는 곧 어머니이며 아버지다. 고향의 상처가 곧 나의 상처다.

나는 그가 고향의 상처 속으로 물처럼 깊이 흘러 들어가서, 갈라지고 터진 자리를 메우길 바란다. 그래서 고향의 상처를 치유하는 걸 통해 자신의 상처를 치유하기를 바란다.

해설解說

사내의 언어, 사내의 시

정효구(문학평론가)

1. 직설의 언어를 아직도 사용할 줄 아는 사내

윤승천 시인에게서 전화가 왔다. 그가 시집 한 권 분량의 작품을 안고 문학동네로 돌아왔다는 전언이었다. 제3시집 『金과장과 李대리』(중앙일보사, 1990)를 출간한 이후, 문학동네를 떠나 강호 무림의 현실 속을 고수처럼 주유한 그가, 20여년만에 귀향하듯, 귀환하듯, 문학동네로 돌아온다는 것이었다. 강호 무림의 현실적 텍스트는 문학동네의 언어적 텍스트와 비교 자체를 거부할 만큼 거칠고 리얼하다. 그는 그런 현실적 텍스트를 온몸으로 통과해 내고 그 끝지점에서, 예전에 그가 떠났던 문학동네를, 빈 손이 아니라 시집 한 권 분량의 선물을 안고 찾아온 것이다.

나는 그의 돌아옴이 너무나 반가웠다. 반갑다!고, 잘했다!고, 누군가의 귀환을 오래 기다린 자가 외마디로 내놓는 환호의 말씨로, 나는 그의 귀환이자 귀향을 무조건적으로 포옹하듯 환영하였다. 여기서 내가 그를 향하여 흥분과 환호 속에서 반갑다!고, 잘했다!고 한 말도 직설의 언어였지만, 전화선을 타고 들려오는 그의 언어는 보다 직설적인 음성 그 자체였다. 그는 서론 없이 바로 본론으로 들어가는 고수들의 말처럼, 장식 없이 바로 핵심만을 전달하는 진국의 사람처럼, 가진 것을 초장에 다 말해버리는 성미 급한 사람처럼, 에두름 없이, 주저함 없이, 기교 없이, 감춤 없이 그의 근황과 용건을 털어놓았다.

전화를 마치고, 나는 그로부터 환기되는 타제석기 시대의 언어와 같은 그 거칠지만 싱싱한 파장과 잔영 속에서 내 존재가 상쾌하고 통쾌해지는, 기분 좋은 고양감에 젖어들었다. 너무나도 교묘하고 가식적이며 장식적인 언어가 판치는 이 포스트모던 시장문명사회에서, 그의 언어는 불현듯 선사시대의 심층 언어가 손상되지 않고 고스란히 이 땅에 날아와 불시착한 느낌을 주었다. 그는 좀처럼 제정신으로 마스터하기 어려운 강호무림의 현실을 20여년간이나 주유하고 나서도 여전히 순정하였고, 50을 넘어선 나이가 되었어도 여전히 질박하였으며, 서울 생활 30년 동안 도시물을 먹었지만 여전히 상처나지 않은 시원성을 지니고 있었다.

이런 그의 말이 지닌 성격을 '직설의 몸말'이라고

불러 표현해본다면 그의 몸말에는 엄청난 에너지와 활력이 붙어 있었다. 주변적인 것에 힘을 빼앗기지 않고 직설의 몸말만을 사용하는 자에게 가능한 그런 에너지와 활력이었다. 그는 이 에너지와 활력으로 무엇이든 해낼 수 있을 것 같았다. 나는 그의 말과 활력이 주는 활달한 잔영을 음미하며, 그가 20여년만에 들고왔다는 시 보따리가 어떤 것인지 빨리 받아 풀어보고 싶어졌고, 그의 작품 속에 오랫동안 숨겨둔 시의 속말을 어서 만나보고 싶어졌다. 이전처럼 여전히 패기있고 당당한 모습으로 돌아온 그의 더 깊고 상세한 속모습이 궁금하였던 것이다.

그의 시는 전화 속의 음성과 동일하게 그 어법과 어조가 직설적이고 질박하였다. 그는 시에서도 선사시대의 언어, 타제석기 시대의 언어를 가공하지 않은 채 그대로 강숯을 날리듯 구사하고 있었다. 그런데 흥미로운 것은 이런 언어의 원천에 이른바 '사내'의 전형성이 강력하면서도 지속적으로 작용하고 있다는 것이었다. 그가 이번 시집 「자서」의 끝자락에서 역설하듯 고딕체 투로 고백한 그 '수컷'의 영혼과 본성, 그리고 그 의식의 피가 시 전체를 관통하며 근간으로 작동하고 있었던 것이다. 그것은 저 원시시대의 족장이 지닐 법한 것과 같은 것으로서 시간의 격차를 뛰어넘어 그의 말과 시 속에 그대로 싱싱하게 유전되고 보존돼 있었다.

이제 우리 시단에서 '수컷'의 시를 찾아보기도 쉽지 않다는 데 다들 동의할 줄로 믿는다. 문명사회 속에서 잘 다듬어진 언어들을 구사하며, 많은 시인들이 품위 있고도 유연하게 살아가고 있다. 겁 없이 몸을 던지듯, 말을 던지는 시인을 찾아보기 어렵다는 뜻이다. 스스로를 공인으로 규정하는 지사형 시인들도 이젠 찾아보기 어렵다. 분명 이 소시민적이고 소아적이며 자기탐닉적인 언어와 삶의 시대에, 윤승천의 '수컷성'은 낯설면서도 신선하다.

 다음은 그가 「자서」에서 전하는 말이다. 같이 음미해 볼 필요가 있다.

> 시와 시인의 좌표가 밀리고 밀려서 마이너스가 된 것도 시단과 시인들이 자초한 일 아닌가.
>   무림은 결코 호락호락하지도 만만하지도 않는데 장난감검을 가지고 무얼 어쩌겠다는 것인가.

 위의 부분을 읽다 보면 '장난감검'이라는 말이 눈에 확 들어온다. 장난감검이란 목숨을 걸지 않고 휘두르는 칼이다. 이런 취미이자 유희로서의 칼로는 이 밀림 같은 강호 무림의 현실 세계를 결코 움직일 수 없다는 것이 그의 생각이다. 시와 시인이 현실로부터 자꾸 변방으로 밀려나면서 영역을 상실해가는 원인이 여기에 있다고 그는 보는 것이다. 윤승천은 이런 장난감검 놀이의 위험성과 한계성을 자각하고 지적하며 그 자신은 진검을 휘두르겠다고 전의를 가다듬는다. 그리고 그런 전의 속에서 그만의 직입하는 직언, 에두르지 않는 직설의 언어를 원시 부족장들이 그렇게 했듯이 앞장서서 구사하고 있다.

> 이따금 개들이 지나가면서 오줌을 갈기고
> 또 개 같은 사람들이 배설하고 지나가는
> 혹은 피해가는,
> 햇빛이 잘 안들고 습濕한 곳
> 빈익빈貧益貧으로
> 뒤틀린 잡풀 몇 포기 옹송거리고 있는
> 어떤 희망이나 꿈, 사랑일지라도 기약없이 더럽게 썩는 곳.
>
> 「음지陰地 : 閑漁洞 55」의 전문

이것은 이번 시집의 맨 앞에 등장하는 작품이다. 여기서 보듯이 그의 언어는 거침없고 단호하다. 그가 전하는 내용에 동의하느냐 그렇지 않느냐 하는 것은 차후의 문제이다. 그보다 더 중요한 것은 그가 본대로, 생각한대로, '그대로' 말하는 사내의 말을 하고 있다는 점이다. 세계를 이와 같이 바라보고 그에 대해 직언하는 그의 시는 우리시사의 한 시대를 휩쓴 민중시와도, 또 현실비판의 많은 시와도 구별된다. 그는 아무리 다른 사람들이 아름답다고 말해도 그가 그렇게 생각하지 않으면 그렇지 않다고 말하고, 또 제아무리 많은 사람들이 성스럽다고 말해도 그가 그렇게 생각하지 않으면 역시 성스러운 게 아니라 비루하다고 말할 만큼 독자적이고 솔직하다. 그의 이런 독자성과 솔직성은 용감한 자의 말이요, 순수한 자의 말이며, 야성을 지닌 자의 말이다.

2. 음지陰地를 품어안고 살 줄 아는 사내

 이번 시집의 제목이자 그의 고향이며 시적 장소인 '한어동 閑漁洞'은 경상북도 예천군 호명면의 한 마을 이름이다. 서정주의 질마재, 유하의 하나대, 최서림의 이서국과 더불어 윤승천의 '한어동'은 우리 시사의 주요한 문학지리적 공간이 되기에 부족함이 없다.
 한어동은 그의 말을 빌리면 '저 안쪽 소쿠리처럼 편안한' 지형의 마을이다. 그는 이곳에서 태어났고 아직도 그곳에는 그의 노모가 살고 있다.
 그런 한어동은 자연과 우주의 처소이자, 가족사와 마을사의 처소이고, 농업의 장이자 문명사의 장이며,

정치적 대상이자 행정적 산물이다. 자연에서 역사, 문명에서 정치에 이르기까지 그 어느것 하나 비켜서지 않은 윤승천의, 아니 우리들의 운명적, 공업共業적 삶의 자리로서 보편성을 지닌 공간이 한어동이다.

다들 알겠지만 농촌은 1차 산업으로서의 문명의 한계 지점에서 무어라 규정하기 어려운 상황에 지금 처해 있다. 농촌에서 이루어지는 농업조차 2차 산업과 3차 산업의 성격을 띠고 이루어지는 형편이며, 농촌은 농촌을 더 이상 지키고 그 피폐화와 소멸화에 항의조차 하기 어려운 노인들만이 드문드문 사는 방외의 지대가 되어버렸다. 정진규 시인의 시적 표현처럼, 농촌은 '골다공증 환자처럼' 구멍이 숭숭 뚫린 채 늙고 푸석푸석한 얼굴을 하고 있다. 윤승천은 이런 마을을 '음지陰地'라고 표현하였다. 그렇다. 모두가 등을 보이고 떠나는 곳은 음지이다. 몸의 앞쪽이 양陽이라면, 등쪽은 음陰이기 때문이다. 그는 등을 돌리며 떠난 이런 음지를 등단 이후 30년 동안, 탄생 이후 50여년 동안 품어 안고 산다. 품어 안는다는 것은 양인 몸의 앞쪽으로 대상을 당기듯 남김없이 끌어안고 산다는 것이다. 그의 몸은 서울에 있고, 그는 도시에서 출세한 도시인이 되었지만, 농촌은, 한어동은 그를 놓아주지 않고 따라다녔던 것이다. 아니 그가 앞에 나서서 농촌과 한어동을 적극적으로 끌어안고 놓아주지 않았던 것이다.

음지인 한어동 앞에서 윤승천은 '사내'로서의 기질을 한껏 보인다. 그는 '농정農政'의 잘못에 대해 분노 섞인 직언을 호통치듯 해대고, 가장 노릇을 못하는 아버지에 대해 객관적 비판을 냉정하게 가하고, 농촌의 자연들을 아낌없이 보듬어 안고, 아직도 그곳에 살고 있는 어머니와 이웃들을 끝까지 보호하고자 한다. 한마디로 그는 음지를 몸으로 품어 안을 줄 아는 이 시대의 우직한 사내이다.

한어동에 대한 윤승천의 이러한 음지 의식은 앞장에서 인용한 시집의 맨 앞 작품「음지 陰地 : 閑漁洞 55」속에 집약적으로 드러나 있다. 그곳은 "이따금 개들이 지나가면서 오줌을 갈기고/ 또 개 같은 사람들이 배설하고 지나가는/ 혹은 피해가는,/ 햇빛이 잘 안들고 습濕한 곳/ 빈익빈貧益貧으로/ 뒤틀린 잡풀 몇 포기 옹송거리고 있는/ 어떤 희망이나 꿈, 사랑일지라도 기약없이 더럽게 썩는 곳"이다. 문명과 시대에서 밀려난 곳, 정치와 행정에서 소외된 곳, 경제와 시장에서 실패한 곳, 찾아오는 사람보다 떠나는 사람이 대부분인 곳이다.

그는 이런 음지를 양지로 만들고 싶어한다. 어느 곳도 음지가 되지 않는 세계를 만들어보고자 꿈꾼다. 이 땅에 음지가 있다는 것은 무엇인가가 잘못되었다는 징후이기에 그는 이 징후를 놓치지 않고 탐구한다. 음지란 본래 있던 것이 아니라 사람이 만들었다는 것, 자연과 우주 속에서의 음지란 실은 양지와 등가의 것이라는 것, 그러기에 음지는 인간사의 부작용에 의하여서만 만들어졌다는 것, 이런 음지를 살려내고 치유하는 일은 인간들의 몫이라는 것—이런 것이 윤승천의 생각이다. 그는 음지를 살려내고 치유하기 위해 구체적으로는 농정을 호되게 비판하고, 넓게는 시대를 질타하며, 가까이는 흙의 타락에 대해 언급한다. 한마디로 말하면 음지의 탄생은 인재人災에 해당되는 것이고, 그것을 살려낼 임무도 인간들에게 있다는 것이다.

> 날마다 새벽종은 울리고
> 새 아침은 밝는다.
> 저 깊게 패인 낯가죽
> 거칠고 무참한 생生에
> 농정農政은 오늘도 게거품을 물고 있다.
>
> 「게거품 : 閑漁洞 56」의 부분

> 그로부터 25년이 지난 1995년 1월
> 우체부는 삼천리 자전거 대신
> 대림 혼다 오토바이를 타고
> 매일 한 번씩 한어동엘 들리지만
> 반가운 농정農政 소식은 여전히 기약없다

험한 산에는 터널이 뚫리고

깊은 강에는 다리가 놓였는데도

문민文民의 공화국에서조차 아무런 소식이 없다.

「소식 : 閑漁洞 60」의 부분

위에 인용한 두 편의 시는 모두 농정을 호되게 비판하는 윤승천의 말이다. 농업의 문제가 문명의 문제이기 이전에 정치의 문제라고 보는 그의 시각이 여기에 들어 있다. 그만큼 이 땅에서 정치는 무소불위의 권력을 행사하였고, 그것은 문명조차도 좌지우지하는 엄청난 것이었다. 농업은 문명이 되지 않고 농정이 되었으니 말이다.

첫 작품 「음지陰地 : 閑漁洞 55」에서 시작된 윤승천의 이번 시집은 끝작품 「수컷 : 閑漁洞107」과 바로 그 앞의 작품 「돌아서 가는 : 閑漁洞 106」으로 마무리된다. 이 두 작품 중 「수컷 : 閑漁洞 107」은 그의 시와 나의 이 글을 지배하는 사내의식이 집결된 작품이며 「돌아서 가는 : 閑漁洞 106」은 음지의식이 종합된 작품이다. 그는 이 「돌아서 가는 : 閑漁洞 106」이라는 작품에서 다음과 같이 말한다.

목련은 꽃이 질 때 추하다

짓무르면서 떨어질 때는

더럽고 지저분하기까지 하다

지는 모습이 더 아름다운 꽃이 있는가
떨어지는 꽃잎이 더 황홀한 꽃이 있는가
활짝 필 때보다 사라질 때가
이별일 때가 더 설레이고 향내 나는
인연이 있는가

돌아서 가는 너보다 더 목메이게 하는
그 무엇이 있을 것인가.

「돌아서 가는 : 閑漁洞 106」의 전문

　그는 음지의 여러 가지 모습을 열거하면서, 음지는 결코 아름다운 것도 황홀한 것도 아니라고 직언한다. 음지의 관념적 미화를 경계하는 말이다. 그렇다면 음지는 그에게 어떤 곳인가. 그것을 한마디로 줄여 말한다면 '목메이게 하는' 곳이다. 윤승천은 한어동인 음지 앞에서, 그리고 삶과 생의 수많은 음지 앞에서 '목메이는' 경험을 한다. '돌아서 가는 것,' 그것은 더 이상 아름다운 것이라고 말할 수 없다는 생각 때문이다. 이런 점에서 그의 음지의식은 에두르지 않은 직설적 실체이다. 음지가 비록 아름답고 황홀하다고 관념적 초월을 꿈꾼다 하더라도 그 관념적 초월은 음지야말로 '목메이게 하는' 곳이라는 정직한 토대 위에 놓여져야만 한다는 것이다.

3. 시로써 혁명을 하고자 하는 사내

진정한 혁명은 이상성과 낭만성, 순정성과 순수성의 산물이다. 결코 도구화되거나 권력화되지 않은 혁명, 그것만을 우리는 혁명이라는 이름으로 불러줄 수 있을 것이다. 모든 도구적, 권력지향적 혁명은 외양만의 혁명일 뿐 그 이면은 거래이며 탐욕이며 과시일 때가 대부분이다.

윤승천은 다른 것 아닌 시로써 혁명을 하고자 하는 이 시대의 사내이다. 돈키호테와도 같은 열정과 무모함을 동반하면서 그는 큰소리로 '시로써 혁명을 하겠다'고 외치며 벼르고 있다.

시와 시인, 시단과 시사에 대한 믿음이 없다면 이런 말은 불가능할 것이다. 그리고 현재의 우리시가 비록 나약함 속에서 수많은 문제점을 노정하고 있지만, 적어도 시 자체, 시인 자체, 시단 자체, 시사 자체는 힘이 있고 달라질 수 있다는 확신을 갖지 않는다면 이런 말을 하기 어렵다. 사실 시니, 시단이니, 시사니 하는 것은 인간인 시인들이 창조하기 나름이다. 대상 자체가 문제가 아니라 그것을 운영하고 주도하는 인간들이 문제이다.

그렇다면 그는 어떻게 시로서 혁명을 한다는 것일까.

> 혁명은 군인이 하는 것만은 아니다
> 총칼을 들고 살육을 해야만 혁명이 아니다
> 원한의 피를 뿌리고 복수의 업보를 쌓지 않더라도
> 혁명은 시작될 수 있다
> 청사廳舍를 접수하고 포고문布告文을 붙이지 않더라도
> 혁명을 알릴 수 있다
> 시인이 앞장서는 혁명!
> 시인의 양심과 시인의 정의와
> 시인의 피로써 물드는 혁명
> 아름답지 않겠느냐
> 시詩로써 이룩하는 혁명은 또 황홀하지 않겠느냐
> 　　　　　　　　　　　「혁명：閑漁洞 79」의 부분

> 왜 군자가 되지 못하고
> 시를 쓰게 됐을까
> 시대를 진단하고
> 역사를 예언해야 하는 시인이 됐을까
> 　　　　　　　　　「시인詩人：閑漁洞 75」의 부분

위의 두 편의 시를 보면 시로써 혁명하는 일이 어떤 것인지를 금방 알 수 있다. 시와 시인이 혁명을 도모할 수 있는 것은 그들이 지닌 시적 양심과 정의 때문이라는 것이다. 시인이란 윤승천에게 군자의 자리에는 도달하지는 못하였지만 "시대를 진단하고 역사를 예언해야 하는" 임무를 지닌 공인이자 혁명가이다. 그러나 시대를 진단하고 역사를 진단하는 일, 그것은 절실하지만 쉽지 않은 일이다. 그리고 비록 올바른 진단이 이루어졌다 하더라도 그것을 언표화하는 것 역시 쉽지 않은 일이다. 그 일을 윤승천은 이전 시집들에서도 그러했듯이 이번 시집에서 거침 없이 수행하고 있다.

윤승천이 이와 같이 시인의 역할과 사명을 인식하고 규정한 것에 대하여 동의하지 않는 사람들도 적지 않을 것이다. 그러나 이것은 역시 차후의 문제이다. 중요한 것은 그가 시와 시인의 역할을 이렇게 '생각'하고 있다는 점이며, 그 생각이 그로 하여금 시를 쓰게 만들고 있다는 것이다.

윤승천은 또 다른 그의 작품 「참수斬首 : 閑漁洞 73」에서 "망나니의 역할이야말로 시인의 몫이다"라고 규정짓는다. 여기서 '망나니'란 무모한 혁명을 꿈꾸는 사람이다. 비현실적이지만 드높은 혁명을 끝없이 도모하는 자이다. 이런 혁명이 가능한 것은 그 속에 '영혼'이 살아 있기 때문이고, 혁명은 이 영혼이 빚어내는 최후의 작품이다.

윤승천은 이런 사실을 그의 작품 「고해告解 : 閑漁洞 76」에서 다음과 같이 표현하고 있다.

> 영혼은 있는가
> 살아있음과
> 아직도 사랑할 수 있음을
> 증거해 줄,
> 시대를 진단하고
> 역사를 예언할 수 있는 영혼이 있을까.
>
> 「고해告解 : 閑漁洞 76」의 전문

이렇게 본다면 시는 영혼과 등식을 이룬다. 그리고 시인은 영혼을 지닌 자이다. 그 영혼을 지니고 있을 때 우리는 혁명가가 된다. 그러나 영혼의 혁명이란 얼마나 큰 인내를 요구하는가. 그럼에도 불구하고 이 영혼의 혁명을, 시로서의 혁명을 꿈꾸는 사내, 그가 윤승천이다.

4. 무위無爲로 돌아갈 줄을 아는 사내

윤승천이 시를 보내온 그의 이메일 아이디가 '무위

無爲'이다. 그리고 그가 사는 서울집의 이름이 이 '무위'를 딴 '무위우거無爲寓居'이다. 이것은 그의 「자서」란 말미를 보면 드러난다.

이 무위, 달리 말하면 자연, 이들을 합하여 말하면 무위자연은 윤승천의 내면에 살아있는 가장 오래된 뿌리이자 토대이다. 그리고 그를 살게 하는 원천이며 그가 돌아가고 싶은 세계이기도 하다. 그러나 무위는 시대와 문명의 낙오자가 되었고, 더 큰 세력으로부터 식민화되었다.

탈식민주의니, 에코페미니즘이니 하는 말을 거론하지 않더라도 무위는 근현대사 속에서 소외된 자리로 밀려나야 했다. 그러나 무위는 밀려난다고 해서 밀려나지 않고, 밀쳐냈다고 해서 사라지지 않는 생과 우주의 원판이다.

이쯤해서 한 가지 사담을 전해야 하겠다. 윤승천이 우연찮게도 이 시집의 해설을 필자에게 부탁할 무렵, 우리 학과(충북대학교 국어국문학과)의 30주년 기념행사가 있었다. 윤승천은 그가 근 30년 전에 떠났던 청주를 찾아왔다. 필자의 연구실로 들어선 50대 윤승천의 모습에선 윤승천보다 먼저 노란빛이 환하게 쏟아져 나오고 있었다. 가죽 점퍼 속에 입은 그의 노란 셔츠가 그보다 먼저 그를 알리고 있었던 것이다. 윤승천은 인사를 나누자마자 이 티셔츠의 노란색에 대해 설

명하기 시작하였다. 그것은 노란색이 아니라 가을 들녘의 나락(벼) 색이라는 것이었다. 그 나락의 색을 오늘 청주 진입로인 가로수길에서 보았는데, 아, 그 색이야말로 자신이 가장 피하고자 했던, 그러나 도저히 피할 수 없었던 한어동의 색이라는 것이었다. 그는 나락빛 색의 셔츠를 입고 나락빛에 깃든 애증을 말했던 것이다.

윤승천이 말한 이 나락빛은 그에게 가난의 빛인 반면 '무위'의 빛이다. 그는 한어동의 빛인 이 나락빛의 양면성을 떠날 수가 없었던 것이다. 이문재가 그의 고향을 두고 말했듯이, 그 역시 '한어동'을 '학살'하고 도시로 떠난 근대인이었지만, 그의 원색이자 바탕색은 '나락빛'을 넘어설 수 없었던 것이다.

지금 우리나라의 들녘엔 나락빛이 장관인 10월의 가을이 펼쳐져 있다. 이 가난한 무위를 윤승천은 사내로서 품어 안는다. 그리고 그곳으로 몸을 돌리고자 한다. 가난하지만 아름다운 귀소의 지대, 그곳이 바로 나락빛의 세계인 것이다.

그러나 나락빛은 아름다울지라도 한어동의 현실은 여전히 너무나도 퇴락한 열외의 땅이다. 더이상 아이가 태어나지 않는 곳, 더이상 젊은이가 들어오지 않는 곳, 더이상 떠날래야 떠날 수도 없는 사람들만이 남아 있는, 이방의 땅과 같다. 하지만 윤승천의 눈엔 한어동의 무위가 여전히 보인다. 아직도 그곳에 살고 있는 어머니, 40년 전에 심어 놓은 뒤뜰의 등굽은 나무, 그 나무가 드리우는 그늘, 늙은 호두나무, 미루나무, 한어동의 풀들, 들녘과 개울과 꽃들… 이런 것들이 무위의 얼굴로 그를 이끈다.

그러나 그의 돌아감은 물리적인 것이 아니다. 이분법적인 것도 아니다. 무위의 힘으로 한어동에 대해 말하고, 무위의 힘으로 한어동을 살리고 싶고, 무위의 힘으로 세상을 바로 잡고 싶은 것이 그의 마음일 뿐이다. 그리고 그가 그토록 힘들어했던 이 무위의 것들과 화해하고, 무위의 문제를 해결하고 싶을 뿐이다.

윤승천의 작품 「다시 아버지의 편지 : 閑漁洞 85」는 이전의 작품 「아버지의 편지 : 閑漁洞 15」에 이어지는 속편으로서 그에게 한어동의 무위가 얼마나 커다란 고통이었는가를 들려준다.

> 한어동의 업보는 애비의 대代에서 반드시 끊을 것이다
> 살아서 끊지 못하면 죽어서라도 모두 거두어 갈 것이니
> 아무 걱정 말고 변함없이 스무 몇 살 꿈을 꾸고
> 니 사랑의 푸름을
> 누가 업신여기지 않게 잘 가꾸도록 하거라
>
> (중략)

> 이 애비가 가장 싫어하는
> 나락빛 받을수록 더욱 눈부신
> 가을볕의 계절이 왔구나
> 그동안 널 키우랴 공부시키랴 울 겨를도 없었는데
> 이 편지를 보내고 나서
> 오늘은 평생에 딱 한번만 울어야겠구나
> 2011년 9월 28일
> 한어동에서 애비가.

한어동의 업보, 그것은 무위가 학살당한 일이다. 그 사회적 소외를 윤승천은 위 시에서 아버지의 입을 빌려 반드시 '애비의 대代'에서 끊겠다고 다짐하며 호언한다. 이 부당한 고통을 연속시켜 나아가는 한, 자식들의 푸른 꿈을 지킬 수 없다는 판단에서이다. 자식들의 푸른 꿈이란 무위의 다른 이름이다. 나락빛이 가장 좋아하는 빛이 될 수 있는 가능성이다.

이렇듯 윤승천의 이번 시집은 무위를 살리는 일로 이어진다. 그는 한어동이 버려졌지만 버려질 수 없는, 버려졌으나 버려져서는 안 되는 곳임을 말하고 있는 것이다.

이런 한어동 일대에 경상북도 도청이 들어설 예정이라는 게 시인의 말이다. 그로 인해 한어동은 소외된 농업문명의 끝자리에서 새로운 장소로 탈바꿈하게 되었다. 도시가 도읍과 시장이 있는 곳이라면, 한어동은 도읍이 있는 정치적 장소가 된 것이다. 한어동은 그래서 지금 다른 곳이 되어가고 있다. 농촌으로서의 운명이 다하고, 도읍으로서의 삶을 준비하고 있는 것이다. 윤승천은 이런 한어동에 대하여 "더 좋은 쪽으로 변할 것으로 믿는다"고 「자서」에서 말한다. 더 좋은 풍경이 어떻게 창조될 지 알 수 없으나, 한어동의 가난, 한어동의 고된 노동, 한어동의 사회적 소외 문제만은 치유될 수 있지 않을까 생각한다.

필자는 제1장에서 그의 언어적 특성에 대해 말하였다. 생각해보니 그의 언어야말로 긍정적인 의미에서의 무위의 성격을 지니고 있었다. 말이 몸과 정신의 연장延長이라면 그가 꿈꾸는 무위의 세계가 언어로 나타나는 것은 자연스러운 일이다.

윤승천의 이번 시집은 「수컷 : 閑漁洞 107」이라는 작품으로 종결된다. 윤승천의 아버지 콤플렉스를 다루기에 좋은 작품이다. 그의 시에서 혈족인 아버지는 회사 속의 '김과장과 이대리', 정치 속의 권력자들, 경제 속의 강자와 부자들로 변주되며 이어진다. 아버지 역시 그에게는 못난(?) 고향처럼 애증의 대상이다. 그러나 애정보다 분노가 컸고, 그 분노는 마침내 아버지의 죽음으로 인하여 가정에 별안간 평화가 임하는 것을 보게 하였다. 아버지는 인위의 심벌이다. 그 아버지들의 부족함과 폭력으로 인해 무위가 상처를 받는다. 아버지답지 않은 아버지들이 너무나도 많았던 게 인류사의 현실이고 우리의 현실이다. 윤승천은 이런 아버지가 되지 않겠다는 다짐 속에 다음과 같은 내용으로 「수컷」이라는 시를 제시한다.

> 새끼와 암컷을 위해
> 사냥을 하고
> 스스로 적들에게 표적標的이 되기도 하는 것은
> 업보業報같은 수컷의 책무責務이다
>
> 「수컷 : 閑漁洞 107」의 전문

필자는 이것을 굳이 페미니즘적 시각으로 읽지 않는다. 인위가 무위를 보호하고 지키지 못하는 모습으로 읽을 뿐이다. 무위를 품어 안는 자는 누구나 수컷이 된다. 그러나 제아무리 무위를 품어 안았다 하여도 인위가 무위를 넘어설 수는 없다. 윤승천은 한 사람의 '사내'로서 무위를 품으며 인위의 인위다움을 지키고자 하는 것이다. 그것이 무위를 살리는 일이며, 인위가 이룩할 수 있는 최선의 길이라고 생각하였기 때문이다.

한어동閑漁洞

2011년 11월 15일 초판 1쇄
2012년 01월 20일 초판 2쇄
2012년 12월 10일 초판 3쇄
2014년 10월 15일 초판 4쇄
2015년 08월 27일 초판 5쇄
2016년 10월 07일 초판 6쇄
2017년 11월 28일 개정판 1쇄

지은이_ 윤승천
펴낸이_ 윤승천
펴낸곳_ (주)케이엠

등록번호_ 제25100-2013-000013호
주소_ 서울특별시 은평구 가좌로 10길 29
전화_ 02-305-6543
팩스_ 0505-115-6077, 02-305-1436

ISBN 978-89-967527-4-5 (03810)

책값은 뒤표지에 있습니다.
저자와 협의 아래 인지를 생략합니다.

이 책의 판권은 Km에 있으며 저작권은 저자와 Km에 있습니다.
허가없는 무단인용 및 복제·복사·인터넷 게재는 법에 따라 처벌됩니다.